Hildegard Pflügler

Wer ko, der ko

Vorwiegend humorvolle Gedichte und
Geschichten über typische Bayern und
den bayrischen Alltag

Bibliografische Information der Deutschen Nationalbibliothek:
Die Deutsche Nationalbibliothek verzeichnet diese Publikation
in der Deutschen Nationalbibliografie; detaillierte bibliografische
Daten sind im Internet über http://dnb.dnb.de abrufbar.

ISBN: 9783746007182

Kleine Erläuterung zu meiner Dialektschreibweise:

1)Die Wörter„der" und „er" und die Wortendung „er"sind meistens in Schriftdeutsch belassen, damit sich Nichtbayern leichter tun. Bayern lesen sowieso statt „der Herzog"„**da** Herzog" und statt„Münchner" „Münch**na**".
2)Es gibt zweierlei **ei** :1. ei gesprochen wie bei„drei". 2. ei bayrisch gesprochen wie bei „Geid"(Geld).

Inhalt

Vorwort

Dieses Büchlein ist ein meist humorvoller Gedicht- und Geschichtenband im bayrischen Dialekt. Nach meiner Meinung soll dieser – wie natürlich andere Dialekte auch – nicht aussterben. Weil ich aus München und somit aus Oberbayern bin, ist es in diesem Büchlein der oberbayrische Dialekt, in dem alles geschrieben ist. Seien Sie bitte nicht böse, wenn ich manche Wörter ein wenig anders schreibe, als Sie es tun würden! „Oberbayern ist groß. Es reicht von Mittenwald bis Eichstätt, von Landsberg bis Burghausen und Berchtesgaden. Damit gibt es Hunderte von feinen Sprachgrenzen, manchmal zwischen einem Dorf und dem nächsten. Was in einer Gegend noch gesprochen wird, ist in der anderen schon ausgestorben.Wie kann man da sagen, der eine spreche das richtige, der andere das falsche Bayrisch?"schreibt Norbert Göttler (Heimatpfleger und Filmregisseur).Jedenfalls ist die Hintergründigkeit und Bildhaftigkeit der Bayrischen Sprache einfach herrlich! Ich hoffe, Sie haben beim Lesen genau so viel Spaß wie ich beim Schreiben hatte!

Ihre Hildegard Pflügler

Typische Bayern

D` Ratschkathl

Beim Nachbarn gibts Neiigkeitn
de muass Kathl schnei verbreitn,
denn wenns des net duat,
platzt ihr no der Huat.

„Da Bua hot in Mathe an Fünfer gschriebm,
drum waar er boid sitzn bliebm
Da Mo is befördert worn
und d`Frau hot an Buam geborn".

De Gschicht gäht jetzt im Kreis
und auf sonderbare Weis,
wias Kathl wieda hört,
do is oiß verkeat:

"Da Bua is sitzn bliem,
denn er hot lauta Sechsa gschriem.
Da Mo is jetzt Chef der Firma,
und `s kloa Baby hoaßt Irma".

A Grantlhuaba

Obwoih Karl im Herzn guatmüdig is,
grantlt er oft rum.
Bsondas wenn er schlecht aufglegt is,
heat ma sei Gebrumm.

Gor net gern hot er Neiigkeitn,
de san fia eahm Grund gnua
zum Schimpfa üba de schlechtn Zeitn
und üba de Konjunktua.

An der hot er fui zum Kritisiern,
dabei gähts eahm gor net schlecht.
Doch hätt er moi nix mehr zum Negiern
waar eahm des aa net recht.

A Bixlmadam

Guat ozogn, d`Nosn in da Häh
stolziert d´Madam durch d`Schwanthaler Häh.
Grod is von am Lodn rauskemma,
mit Packln natürle, des is koa Thema.

Sie ko se angeblich ois leistn,
da Schein zäiht ja bei ihr am meistn.
Sie wui einfach wos Bsondas sei,
hoffentlich foits net moi recht nei.

Sie is lediglich a Verkeiferin,
beim Rewe hockts an da Kass.
Im Geldbeitl hots gwiss net fui drin,
wenns neischaut, werds ganz blass.

A Bissgurkn

D`Anne is a richtige Bissgurkn
und sie beißt net nur Schurkn.
Sie ko so guat rundum beißn,
dass de andern schnei ausreißn.

Wer wui scho bissige Bemerkungen hörn
üba an Menschn, den er hot gern?
Do lasst er do liaba d`Bissgurkn steh,
soi se do seiba beißn, de Giftspritzn de!

Wia ma bloß oiwei so giftig sei ko?
Koa Wunda, wenn sie kriagt koan Mo!
Der kannt se hächstns a dicks Fell zulegn,
denn beim Zruckbeißn is er sicher unterlegn.

A Pfenningfuchsa

Franz draht jedn Cent dreimoi um
und arwat se liaba krumm,
bevor er endlich wos kaft,
wos a leichtas Lebm schafft.

De durchglafan Stiefe deans no lang,
d`Joppn muss d`Frau zehnmoi flicka.
An am kaputtn Stuih bastlt er tagelang,
er muass hoit oiwei rumknicka.

Sogor beim Kocha muass d´Frau sparn,
denn er ghört zu dene Narrn,
de liaba a dünne Suppn essn,
damit s´net z´vui wern, de Spesn.

Kaft er Möben oder a Haus?
Oder wui er in d`Welt naus?
Naa, er spart liaba sei Geid,
dass eahm im Grob an nix feit.

A Streithansl

Schlimm is worn mim Hansl,
jetzt streit er scho wega am Gansl!
 Weils amoi durch sein Zaun gschlupft is,
is a Prozess füa eahm a Erfordernis.

Den hot sei Nachbar jetzt am Hois,
genau so wia da Bauer Lois
und fünf andere vorher.
Leider is des koa Mär.

Am Stammtisch is sei Plotz leer,
schuid is natürlich er.
Dauernd hot er rumgstrittn,
jetzt woins`n nimma in ihra Mittn.

Er moant hoit oiwei, er hat recht,
deswegn hot er schlaflose Nächt.
Soi er doch mit de Gäns streitn,
dann suacht er sicher schnei d´Weitn.

A Lätschnbene

Da Sepp wui net ins Kino,
er gäht net mit zum Bodn;
scho gor net gern schaut er Wien o,
moant, Fitness kannt eahm schodn.

Wos tuast jetzt mit am soichan Mo?
Oiwei is er schlecht drauf,
schaut di recht dappe o,
ois waar er unter der Trauf.

„I mog net", sogt er ziemle oft,
sei Lätschn hängt zu de Fiaß runter
und sei Frau umsonst drauf hofft,
beim Spuin wearat er munter.

Urlaubstog hot er no zehne
der lätschate Lätschnbene.
Do werd sei Lätschn no länga
und er muass ans Drauftretn denga.

A Schixn

Hächstns 20 Johr is jetzt oid
d`Irmi vom Nachbar Schmid.
Schod is, dass sa se net gfoit
ohne ihr Kolorit.

Augnbraun, Wimpern und Mund
gebm es jedermann kund,
dass sie moant, nur so is schee,
und nur so hätt s´ a Renommee.

Aa ihr Gwand ist manchmoi a Schand
und wenn s´ so weitermacht,
is boid im ganzn Land
net bloß ois Schixn,
sondern Flitscherl bekannt.

Des waar wirklich schlecht,
denn ohne de Maskerad
is d´Irmi nett, ganz echt.
Wenn sas nur eiseing dad!

A Schlawuzi

A guata Spezi is er da Frieder,
so oan kriagst so leicht net wieder!
Mia dringa mitnand a Glasl Bia;
zum Fuaßboi gäht er aa mit mia.
Gestern hot er ma a Geld gliehn;
Sachan von früa hot er vaziehn.

Manchmoi is er a richtiga Schlawuzi:
Vom Gassiführn von mein Buzi
kimmt er ohne Hund wieda zruck
und sogt vaschmitzt „der is im Zug".
Da laits und wer kimmt eina?
Da Hund mit´m Nachbarn Raina.

I gfrei mi und bi froh
und schau mein Freind forschnd o.
Wos soidad der Schmarrn? wui i wissen.
Do sogt er mit ruhigm Gwissen:
„Mei Gred war wirkli koa Unfug,
da Rainer und da Hund warn im Ver-zug".

A Zwidawurzn

Da Dora is ois zwida,
sei´s da duftende Flieda,
sei´s Dahoambleibm oda´ s Furtgeh,
sie find net amoi des Scheenste schee.

Zynisch is und launisch,
is fast imma dagegn,
zoagt schnell ihrn Harnisch,
zum Nochgebm is schlecht zu bewegn.

An oim nörglts rum
- Is aa de andan z`dumm,-
sie find oiwei was z`aussetzn
und gegn irgendwos z`hetzn.

Jetzt werds scho ganz moga
und ziemle hoga.
Wenn s´weiter macht aso.
is boid nix mehr von ihr do.

A Gscheidhaferl

Da Klaus is do drauf ganz hoaß
dass er oiwei ollas woaß
und aa fast ollas ko,
ja er waar a toller Mo.
Er plustert se auf wia a Pfau,
aa dahoam bei seiner Frau.

Koana kennt se mit oim so guat aus ,
wia er, da ganz gscheite Klaus.
Er wui halt oiwei recht hobm
und dann soin man aa no lobm.

A Fachmann erklärt a Gewässer,
da Klaus woaß natürli wieda besser
und schwimmt zur gfährlichn Stei.
Do bedecktn a Weilln ganz schnei.
D´Wasserwacht hoitn zwar raus,
Doch er siecht leider net guat aus.

Lang braucht er zum Erhoin!
Wui er uns no oiwei verkoihn?
Vorher hot er se no mit Aktien verdo,
drum is er heit a armer Mo.

A Ogeba

Fritz lobt se seiber übern Scheinkönig:
Geid hot er angeblich nia z´wenig,
in da Awat deans, wos er sogt
und bei olle Frauen is er gfrogt.

Beim Fuaßboi schiaßt er Tore grod gnua,
mit seim Auto macht er a große Tour
und er hot bestimmt koa Panne,
denn er hot an guatn Pagani.

In de Berg drin hot er a Chalet
-de Luag, de tuat ma glei wäh-.
Er kennt sämtliche Prominentn guat
und de ziagn vor eahm eahnan Huat.

Gern hockt er in Wirtschaftn rum,
denn er braucht a Publikum.
Für des is ´s ja meistns no nei,
sei damische Ogeberei.

A Schmarrnkiwe

Ganz egal ,wo ma´n trifft,
ob in der Wirtschaft oder im Lift,
oiwei woaß da Sepp irgend an Quatsch,
moant, ma hot scho gwart auf an Ratsch.

Er is a Kiwe voller Schmarrn
und ghört leider zu dene Narrn,
de moana, sie miaßn an Blädsinn verzäihn,
damit ma s´mog in eahnam Verein.

Vor lauter Unsinn verzapfa und denka,
praktiziern s´des oiwei no mehra und länga
und - ja, es scho a richtiga Graus-,
aus ´m Schmarrn finden s´ dann nimma raus.

A Gschdingada

Bist ferte mit´m Stoiausmistn?
Guat Sepp, dann bist heit aber schnei!
Wos, oa Hälfte host „vergessn"?
Wia kannt´s aa anders sei!

Du bist so a gschdingada Patron!
Mechst woi füars Liang an Lohn?
I konn s´guat versteh dei Frau,
wenn s´sogt, du ärgerst sie grau.

Du brauchst gor net so verärgert schaun
und jedm zoagn dei schlechte Laun!
Sei ´s nächste Moi net so schtinkfaul,
sonst tritt di no da Gaul!

A Pfiffikus

Da Schorsch pfeift auf d´Nacht,
aa wenn a andra lacht.
Er pfeift am Morgn,
wurscht, ob mit oder ohne Sorgn.

Er pfeift beim Arwan
aa wenn de andern palawan,
er pfeift bei de Freind
und aa bei de Feind.

Er pfeift im Helln,
und wenn Hund`eahm verbelln.
Er pfeift im Dunkln
und wenn d`Leit über eahm munkln.

Dann gäht er fröhlich zum Wandern
und pfeift auf olle andern.

A fade Moin

„Herrschaft, bist du heit a fade Moin!"
sogt da Maxl zur Anne.
„Ma kannt moana, ma hot dir wos gstoin,
oder host eppa a Panne?

Oder is oana von de Deina krank?
Oder host koa Geid mehr auf der Bank?
Sog mas, i ko dir wos leiha!
Brauchst mas nimmer zruckgebm heia!"

Jetzt lacht d´Anne ihrn Maxl o
und sogt: „Du bist doch a liaba Mo
und host mi aa ganz sicha gern,
sonst kannt i di net so aufstörn.

Nix vo oi dem is da Foi!
I hob nur gseing, drent im Stoi,
wiast so nett warst zur Marie,
drum war i eifersüchtig auf sie".

A Quadratratschn

D`Minna is a Ratschn im Quadrat,
ständig hots ebbs zum Ratschn parat.
Ois wos vorkummt in da Nachbarschaft
verbreit sie mit großa Leidenschaft.

Am Markt, im Hausflur, aufm Trottoir
erzäiht s´ ihr ganz Repertoire.
Oft trifft mas mehrmois am Tog
natürle beim Ratschn, koa Frog.

D`Ratschkathl is gega sie harmlos,
denn bei der Minna herrscht Chaos!
Sie is süchtig nach Neiigkeiten
und aa nach ihrm Verbreiten.

Fürn Haushoit, für Kind und Mo
bleibt ihr deshalb fast koa Zeit.
Doch wos a Familie net braucha ko
is a Mutta in Abwesenheit.

So a Muhackl!

„Griaß di! Wia gähts?"
ruaf i nüba zum Bauer Mätz.
der duat so, ois dat er net hörn
und ois dat i narrisch störn.

Aba er gäht nur im Gartn umanand
und hot sei Kaffätass in der Hand.
Net schee is, dass er koa Antwort gibt,
und net griaßn macht'n grod net beliebt.

Denn net nur mia gähts so mit eahm,
er wui ses ja mit olle verderbm!
Scho oft waar sei Antwort notwendig gwesn,
ohne - warns dann mehra, de Spesn.

Ma kannt moana, er is stumm
oda zum Antwortn z`dumm.
Aba mit seine Küah red er ja aa
und wos er sonst duat, is net Gaga!

A Ruaschn

A richtige Ruaschn is d`Maria,
so oane war no nia da.
Imma hot se´s eilig,
drum handelts oft übereilig.

Hektisch werds ganz schnei
und tollpatschig dazua, o mei!
Wenn i bloß dro denk,
wos gmacht hot mit de Kirchnbänk:

Damit `s Bodnputzn schnella gäht
und da Putzkiwe net im Weg stäht,
hots`n auf de Bänk platziert,
denn do hot er s` net geniert.

Hernoch war s` dann schockiert,
hot kurz auf de Fleckn gstiert,
de do entstandn san,
hot aba glei an Plan:

A braune Schuahcrem hots higschmiert,
hot gmoant, de Bänk san jetzt saniert
und is zum nächstn Putzplotz grennt.
Doch boid drauf hots dann gflennt.

D`Leit ham Fleckn in eahnam Gwand entdeckt,
ham noch Schuahcrem grocha,
ham gsogt, sie waar im Kopf defekt
und gschimpft de ganze Wocha.

A *zu* Agratter

Am Hans sei Agrattheit wirkt kleinlich
und is oft ganz schee peinlich.
D´Büacha müassn in oaner Reih steh,
koans derf obn oder seitlich raussteh.
A verschobns Tischgedeck is schlecht,
 drum schiabt er´s aa bei Fremde zrecht.

Macht Hans moi Aufgabn mit da Tochter,
scho beim kloanstn Fähler kocht er.
Pingelig is er und vui z`genau,
aa gegnüba seiner Frau.
In d´Suppn derfa nur Fadnnudln nei,
mit Schnittnudln taad s´net so guat sei.

Schlimm is aa sei Wortklauberei,
de werd oft zu a Streiterei.
Er siecht oiß nur von seiner Seitn,
es feiht eahm hoit da Blick in d´Weitn.
Weil er auf jeds kloane Dipferl acht,
werd er ois „Dipferlscheißer" verlacht.

A Hallodri

Schorsch is a junga, gsunda Mo
und ma moant, dass er wos ko.
Doch scho noch a poor Tog
I dann wos anders sog:

Er is a richtiga Hallodri,
hot nia wos Gscheits glernt,
sogt zwar „des kon i",
aba is weit davo entfernt.

Bei eahm gibt's koa Zeit,
drum aa koa Pünktlichkeit.
Er lebt einfach in Tog nei,
wia ko er bloß so sorglos sei.

Wuist de auf eahm verlassn
dann bist aa scho verlassn.
Er siecht ois ganz locker,
reißts aa de andern vom Hocker.

Haislschleicha

D`Hanni is jetzad alloa,
ihr Mo liegt im Friedhof drauß.
Kinda hots leida koa,
aber a recht a groß Haus.

Seit neiastm gibt´s do a poar Männa,
de schleicha dauernd um sie rum.
Da oa sogt, sie dat eahm scho lang kenna
und a Heirat mit eahm waar doch net dumm.

Am schlimmstn is ihr Neffe, da Max,
hot ihr vorher nia wos wuin;
sogt, sie bsuacha waar füa eahm a Klacks,
er mächt hoit de Verwandtschaft fuin.

Aber d´Hanni denkt an an Ratz,
im Blickfeid von a großn Katz,
der zerst umlauert und umschlicha werd
und schließle da Katz ghört.

Drum sogts zu dene zwoa Männa,
sie lerna sie no kenna,
wenn sa se net glei schleicha,
de windign Haislschleicha.

A Gschaftlhuaba

Fritz gschaftlt rum
und mischt se ei,
er ist zwar net dumm,
aber er wui oiwei der Wichtigste sei.

Er spuit se auf,
schiabt se in Vordergrund,
wui hoch nauf,
 und konn net hoitn sein Mund.

Manchmoi moant as ja ganz guat,
doch so mancher kriagt a Wuat,
ko den Mo net aussteh
und wünscht ´n gor zum Teife.

Aus´m bayrischn Alltog

Ois laft schiaf

In meiner Hand - a wichtiger Briaf,
doch heit laft bei mia ois schiaf,
sie is einfach net z`finden.
I glab, i bi am Erblindn.

I suach im Gartn, in olle Zimmer,
schee langsam hört ma mei Gewimmer,
weg is s´leider de Bruin!
Soi i mi do no woi fuin?

So denk i und buck mi nunter.
Do is ja! schrei i jetzt munter.
Sie hängt um mein Hois ganz brav,
mei, wos bi i füa a Schaf!

Oi Damalang

Kimmt jetzad der scho wieder?
Wos wui der bloß von mir?
Und wos soi i mit dem Flieder?
Jetzt gib i eahm moi a Bier.-

Oi Damalang stapft er daher,
bringt wos mit, wos net vui kost.
Jetzt is mei Biertragl scho leer
und i hob bloß no an Most.

Jetzt kimmt er scho wieder um d´Eckn.
Schee waar´s, wenn mia uns wieder neckn!
Aber oi Damalang a Bier, oi Damalang a Most,
moant denn der, dass des nix kost?

Ja, wo bleibt er denn heit?
I glab, i bi nimmer gscheid!
Oi Damalang muass i an eahm denga!
I hoff´, er bleibt heit länga!

D`Hirnbatzl

Unser Lehrer, der Herr Gratzl
war a ganz passabler Mo.
Aber seine Hirnbatzl
ham ganz sche wäh do.

Wenn ma net aufpasst ham
oder ´s Lerna vagessn,
war er glei am Damm
und ´s Batzl is gsessn!

"Do brauchst gor net flenna!
Hättst bloß lerna miassn,
dann datst jetzt wos kenna.
So - muasst hoit biassn".

Des war oiwei sei Red.
Mia ham aber liaba glernt
beim nettn Lehrer Flet.
Hirnbatzl braucht der net!

Ja do legst di nieda

Ja do legts di nieda!
Guate Notn hot er da Dieta!
Jetzt konn er wos Gscheits wern;
Aba studiern muass er in da Fern!

Des is scho a groß Kreiz,
dass in der Näh koa Uni gibt.
Fürn Buam hots freili an Reiz,
i hoff, er werd net ausgsiebt!

Ja do legst di nieda!
Wos höa i grod vom Frieda?
Er mächt aa wos studiern,
er hot aa wos im Hirn!

Do kenna ja unsre zwoa
zamziang, dann sans net alloa.
Dann werns mitanand Mieta!
Ja do legst di nieda!

Ja und?

I bi vui z`arm,
i ko net nach Ohio! -
Ja und?
Koa Grund fia an Harm,
is ja no dei Dorf do!

I bi leider z`kloa,
i ko nirgands nauflanga! -
Ja und?
Du konnst wos dageng doa,
nimm ganz oafach a Stanga!

I bi vui z`dick,
i ko mi nimma oschaun! -
Ja und?
Verzicht auf den Anblick!
So - host gnua zum Obbaun!

I bi leider z`oid,
i ko nix anders mehr denga! -
Ja und?
Du bist no net koid,
oiso lass di net henga!

Schaung ma amoi

„Moanst du konnst bis siebzge awan,
jedn Dog im Gschirr stecka?"- - -
„I mächt do driwa net palawern!
No weckt mi jedn dog da Wecka
und i stäh ganz gern im Stoi!
Schaung ma amoi!"

„Moanst, dass ´s Madl mi liam kannt?
Oda bi i ebba z`schiach?" ---
„Nimms doch oafach bei der Hand,
du bist ja no net siach!
Des kimmt so oder so, von Foi zu Foi!
Schaugst hoit amoi!"

„Moanst du kimmst in Himme, wennst stirbst?
Warst doch oiwei a guata Mo!" ---
„Wennst deine Sündn net auf mi schiabst,
dann is vielleicht aso.
Oda i kimm in d`Hoi!
Schaung ma amoi!"

Da Zuaweziaga

Kinda ham uns Opernkartn gschenkt,
ham aba net dro denkt,
dass mia scho nix mehr seihng,
wenn de richtign Glasl feihn.

A Zuaweziaga waar hoit recht,
mei oida is scho ziemle schlecht;
mit dem tuat ma se scho schwer,
ziagt Buidl nimma gscheid her.
I kaf uns morgn an neia
und hoff, er is net z`deia.

Denn net nur Kartn kostn wos,
aa Auto, Frisör und Outfit,
`s Geid hot ma so schnei los
und Bank macht aa net ois mit.

100 Euro war sei Preis
und i sog eich ganz leis,
bis se der rentiert,
san mia ruiniert.

Wos woaß i?

„Moanst, dass´ s Weda heit schee werd?
Es hoaßt, dass a Hoch uns übaquert.
Aba d´Woikn san ziemle diaf.
I glab, da Wedasegn hengt schiaf!"-
"Wos woaß i? Lass mia mei Ruah!
Hoaße Tog warns scho gnua!"

„Wos denkst, hot da Bua de Prüfung bstandn?
Kon er dann a Stellung griang?
Wos werns song de Verwandtn,
ob sa se vor Neid verbiang?"-
„Wos woaß i? Da Bua hot se blogt,
do is wurscht, wos d`Verwandschaft sogt."

„Ob woi der Sepp in Himme kimmt?
Zletzt hot sei Lebm gor net gstimmt!
Er hot drunga, er hot graucht
und sei Frau ganz schee gschlaucht."-
„Wos woaß i? Mia werns erfahrn,
wann s´ uns aa so aufbahrn.

s´ Monggdratzerl

„Kartoffenudln gibts heit", sogt d`Anne
„Do drauf hob i mi scho gfreit",moant daMane.
„Host a gnua gmacht"?,frogt a gschbannt,
„deine san ja de bestn im Land".

„I hob a bißl weni Katoffe ghabt,
aba dafia gibt's ja no Wiaschtl und Graut",
sogt d`Anne und hot an Mane erdappt,
wiara entdeischt de Nudln oschaut.

Jetzt schimpft er:
„Ja wos wuist denn mit dem Mongdratzerl?
Des ist hächstns wos fias Katzerl,
aba net fia an gstandna Mo,
Ja wia ma bloß so dappe sei ko."

Wo bleibt da Bart?

Da Abiturent Bernhard
hot oiwei no koan Bart.
Des macht eahm ganz vui Kummer
und weckt´n aus´m Schlummer.
Er denkt:
Hoffentlich seign des net de andern,
sonst kon i glei auswandern.

Er kaft Soibn so vui er ko,
denn ohne Bart is ma koa Mo.
Oi Tog schaut er in Spiagl nei,
es werd doch net umsonst sei!
Doch oiß is no ergebnislos,
es siecht aus, ois waar des sei Los.

Do merkt er am nächstn Morgn,
dass vorbei san, seine Sorgn.
Es is zwar nur a bisserl Flaum,
-ja, ma erkenntn kaum-
Bernhard macht sofort a Rasur,
do bleibt endle vo am Bart a Spur.

D`Abmagerungskur

Mit am Kreislaufkollaps is net zum Spassn,
i glab, sie müassn Pfunde lassn!
So sogt da Arzt zu Herrn Lemur,
am bestn, i schick sie zur Kur.

Herr Lemur kimmt an an See,
doch füa eahm is do net schee.
Es is a netta kloana Ort,
doch Herr Lemur wui furt.

Den Ort, den trifft koa Schuid,
de Klinik macht`n wuid.
Joggn, Schwimma, Trainiern,
er empfind`s ois Schikaniern.

Dazua nur 1000 Kalorien am Tog,
füa eahm is des wia a Schlog.
Er freit se scho auf dahoam,
auf vui Essn und a Bier mit Foam.

So hot er draamt und denkt.
Doch sei Frau hot`s anders glenkt.
Sie hot vo soiche Essen an Plan,
wo am Tog nur 1000 Kalorien drin san.

Fingahakln mit Irxnschmoiz

Wennst Fingahakln wuist könna, sogt er,
muasst a Irxnschmoiz mitnehma, sogt er,
denn a Irxnschmoiz, des brauchst, sogt er,
drum waar´s guat, wennst net rauchst.

Raucha macht deine Muskeln schmächtig
und dann bist du ganz gwiss net mächtig,
den andern übern Tisch z´ziang,
ohne Schmoiz is der net z´ kriang.

Für des Irxnschmoiz muasst wos doa,
aber do bist net alloa.
Du muasst fleißig trainiern,
sonst konnst leida gor koans kriang.

Zu singen nach der Melodie von:
Wannst in Himme, sogt er, wuist kemma, sogt
er....

Leit, lasst´s d´Leit in Ruah

Leit, lassts d´Leit in Ruah!
Ma hot doch scho gnua
an seim eigna Packl zum Trogn,
do braucht ma net no andre frogn.

Außer dei Nachbar braucht di.
Dann muaßt natürle hi;
muaßt eahm heifa, muaßt eahm zuhörn,
wia i di kenn, tuast du des gern.

Es gibt net so vui bäse Leit,
wia ma da Zeitung noch glaabn mächt.
Aber aa mit Ratschn und Neid
konn ma wos ostein und des is schlecht.

Da oa sogt des, da andre wos andas,
wos rauskummt - i glaab, du spannst as –
is bestimm net d´Wahrheit,
sondern recht oft a Streit.

A Unfall

Da Hasler hot an kloana Smart
und macht heit a Sonntagsfahrt.
Wia er grod rechts eibiagn mächt,
do kracht´s laut und gor net schlecht.

Zwischn eahm und an Randstoa,
is leida oana reigschossn.
Er bremst, denkt: Sonst kon i nix doa
und is jetzt ziemle verdrossn.

Do siecht er de Dame am Steuer.
Verärgert zischt er nüber:
„Mei liaba, des kimmt eahna teier,
des is a Unfoi, a übler!

Wer hot denn eahna ans Steier glassn?
Ham Sie jemois a Fahrschui gmacht, sie...“
Do kimmt a Antwort, er kon´s kaum fassn:
„Öfter vielleicht scho wia sie!“

Verschiedene Schanzerl

Net bloß bei de Politiker, in Chefredaktionen und große Firmen gibt's Schanzerl. Na,na, de gibt's aa bei uns im Dorf. Nur schaun 's do a bisserl anders aus. Dort werns dene zuagschanzt, de gern aufsteign mächtn in a bessere Stei. Bei uns dagegn gibt's höchstns a Loata zum Naufsteigen; zum Aufsteign taugn unsre Schanzerl net. - D'Grimma Anne ko a Liadl davo singa.

Ihr Mo is bei da Post, verdient zwar reglmäßig, aber net vui gnua füa sei große Familie. D'Anne is Muatta vo 5 Kinda und kon deswegn koa Ganz- oda Hoibtogsawat onehma. Seitdem sie beim Wirt s'erste Moi den Auswurf von am Bsuffan vom Tisch wegputzt hot, is sie füa soiche „Schanzerl" zuaständig. - Da Pfarrer, da Bürgamoasta und da Krama ruafas zum Flyerausteiln und wenn de reiche Huababairin z'faul is zum Eier zamsuacha, schanzt's de Awat da Anni zua. - „Bei mia waarn Johannisbeern zum Erntn, mogst as macha? Kriagst 8 Euro in da Stund", hot d'Schmiedin neilichmoi gfrogt und d'Anne hot wia imma zugstimmt. - „I muass morgn zum Arzt zwecks a Untersuchung. Kannst do vielleicht mei Baby a poor Stund zu dia nehma?" hot d'Schuasterin vo ihr wissen woin. „I kon dir aber nur 5 Euro füa d´Stund gebm". D´Anne hot zuagsogt und gmoant, dass 5 Euro scho gnua san, denn es is net vui z´doa und sie ko in ihrer Wohnung bleibm. - „I gib dir 10 Euro füa d´Stund, wennst meine Sträucha schneidst", biet ihr da Nachbar o, denn er hot Rheuma und kon des nimma seiba macha. „Gern dad is", moant d´Anne, „wenn is kannt". „Des machst genauso, wiast as bei deim Strauch gmacht host",werd s´ beruhigt.

Auf de Weis hama im Dorf „ a Mädchen füa ollas" und d´Anne hot fast jedn Tog a bisserl wos füa andere z´doa und verdient jedn Tog im Durchschnitt 10 bis 12 Euro. Des is grod des, wos zum Mo sein Verdienst no feit, damit s´schee um d´Rundn kemma. - Ja, de „Schanzerl" hams in sich!

So a Dietsche!

Da katholische Männerverein vo Hinterdupfing
hot boid an 20 jährigen Jahrestog. Heit machas
aus, wias den miteinander feiern woin: In der
Früah gängas in Kirch und hernoch zum Wirt
ume. Do woins essn und dann gmüatle zammsitzn.
Da Bürgamoasta soid a Red hoitn und da Meier
Schorsch soi geehrt wern, denn er is ′s älteste
Mitglied. Auf ′m Weg von der Kirch zur
Wirtschaft soi mas erkenna, dass sie zammghörn
und drum woins olle an dunkla Anzug oziang und
an passadn Huat aufsetzn, dann braucha s`koan
Schirm, wenns rengt.
Wia da Huaba Sepp hernoch hoamgäht, denkt er
dro, dass er gor koan Huat hot. Des vazäiht er
dahoam seiner Frau. De erinnert se, dass doch
vom Großvata no Hüat do sei müassn. „Brauchst
bloß in der Truha schaun, do findst scho oan,"sogt
s′. Da Sepp raamt fast de ganze Truha aus, bis er
endle fündig werd. Er hot den Sonntogshuat vom
Großvata gfundn. „Ja", denkt er se, „a bissl glatt
streifa, dann werd er scho geh".
Am Festtog setzt er dann den glatt gstreiftn Huat
auf und gäht in Kirch. Während der ganzn Mess
hört er oiwei wieda d`Leit um eahm rum tuschln.
Beim Rübergeh zum Wirt erfahrt er′s dann, wos

gflüstert ham, denn da Schorsch frogt `n, ob des
er is, der 50 Meta gegan Wind noch Mottnkugln
stinkt. „Kannt scho sei", gibt er zua.

Beim Wirt drübm gähts dann erst richtig los, de
Frotzelei: Da oa fangt wieda mit de Mottnkugln o,
da anda behaupt, dass trotzdem Mottnlöcha im
Huat waarn, da dritte frogt `n, wo er denn den
Dietsche auftriebm hot. „So wos muass ma erst
findn, so wos Dadätschts"moant da Schorsche. Da
Huaba Sepp hört se des ganze a Zeitlang o, dann
sogt er: „Wos woit´s denn, des war mein Großvata
sei besta Huat!" De ganze Wirtschaft voi Leit lacht
und da Bürgamoasta steit mit am Grinsn im Gsicht
fest: „Ja, genau so schaut er aa aus."
Da Sepp lasst se aba net aus da Ruah bringa und
moant: „Wenigstns hob i eich zum Lacha brocht
und mei Großvata hot se sicha gfreit".- Beim
Hoamgeh hot er den Huat aber nimma aufgsetzt
und wia am Straßnrand a Mülltonna gstandn is,
hot er´n entsorgt.

Am Stammtisch

Heit is wieder Mittwoch, oiso Mannastammtisch beim „Goldenen Lamm". Scho um hoibe sechse trudln de erstn ei. Da Meier hot am Weg an Sandner troffa und ma kannt moana, er schimpft auf den ei, so laut werd er beim Redn: „Sogn dua i ´s eahm heit, des derfst glabm! Ja, so richtig d´Wahrheit vazäih i eahm, dem Gscheidhaferl, dem dappign!" - „Is ja scho recht",werd er vom Sandner, der recht a Griabiga is, beschwichtigt, „reg di nur net jetzad scho auf!".

Sie setzn se an Stammtisch hi, der ganz nah beim Ausschank stäht. Grod kimmt da Schenkkellner rei und glei stäht da Meier wieder auf und schreit -hochrot im Gsicht- nüber: „Net recht host ghabt mit deine blädn Aktien, nunterganga sans, statt rauf! A Viertl sans bloß no wert! Moanst, i glab no oamoi, wos du Gschwoischädl sogst, du voigfressner!" - Sei Gegnüber wui wos sogn, da schreit da Meier und gäht oiwei näha zur Schenk hi: „Sei bloß stad, sonst schmier i dir oane, de se gwaschn hot!" In dem Moment ruaft der Wirt: „Hock di hi, Meier, machts des draußn aus und net bei mir herin! Außerdem schmeißt da Kottner Sepp a Rundn, do konnst dann dein Zorn oweschwoamm, du Zornbinkl du!"

Des lasst se der Meier dann doch net zwoamoi sogn. Er setzt se pfeilgrod hi. A Zeitlang werd Essn bsteit, gessn und Bier drunga und schee langsam werd`s dann doch no a recht gmüatlicha Abend. Sie unterhoitn se übers Wetter, über de letztn Nachrichtn, über´n Huaber Frieder sein Sohn, der jetzad Jura studiert, über´n Pfarrer sei Predigt und sei Köchin, übern Sandner sei Kuah, de scho lang kaiben soidat, - grod gnua gibt`s zum Redn. 2 Manna horcha bloß oiwei zua, sie lassn se unterhoitn: Da Kramer Michi, a richtiga Loamsieder und da Müller Veitl, a Lätschnbeni wia er im Buach stäht. Do ruaft da Hallodri, da Ganter Rudi: „ I hob jetzad 2 Rundn zoit, werd Zeit, dass se a andara derbarmt". Do stäht da Müller Karl auf und vadruckt se auf`s Klo, wo er a hoabe Ewigkeit draußn bleibt. „Der is und bleibt doch der größte Notnickl weit und breit", moant da Fischer Toni, wia er des spannt. De andern stimma eahm zua und lacha.

In der hinterstn Eckn hocka zwoa, de hörn des ois net, de san grod gnua mit`m Trinka beschäftigt. Dene langt des spendierte Bier gor net, de bstein oiwei wieda a Glasl dazwischn. Hi und do sogt oana a paar Wörta zum andern, dann is wieda lang stad. Jeda hockt do und schaugt sei Bier o, wia wenn er mit de Augn a Loch ins Glasl neibohrn mächt. Es is des bsuffane Wogscheitl, da

Wonger Max, und da Boder Gustl, da zwoate
Bierdimpfe.

Wia se dann de andern aufn Weg macha, hocka sie
zwoa no lang do. Da Wirt schaut scho auf d´Uhr,
do gäht Tür auf und an Wonger sei Frau kimmt
rei. Sie is recht a Kräftige und Resolute , red aber
net vui. „Genau so hob i mir des vorgsteit", sogt
s`, ziagt zerst den oana in d´Häh, dann den
andern, der ihr Nachbar is. Schnei hängt sa se
beim oana links und beim andern rechts ei und
macht se aufn Weg.

Da Wirt schaut ihr zua und lacht und lacht. Dann
sogt er zu seiner Frau:„Schod, dass i koa Photo
macha hob kenna, des war jetzad a Buidl für
Götter! - Liaba Gott, de hot ja no wos z´doa heit!
Hoffentlich is an Boder sei Frau dahoam, sonst
muass s`den aa no ausziagn und ins Bett legn.

Auf d´Wiesn gäh ma

Aa zum entferntestn Ort in Bayern fahrt zur Wiesnzeit am Samstog und am Sonntog a Extrabus füa de Leit, de auf d`Wiesn geh mächtn. Aba nur oamoi am Tog! Auf d`Nacht werns wieda obghoit, aba aa nur oamoi. Oiso miassn s´ jedsmoi sakrisch pünktle sei!

Da Hias, da Sepp und da Raffi aus Hinterdupfing macha noch da Kirch aus, dass mitanand auf d`Wiesn gänga. De drei Buam vom Huababauern hearn des und san glei aa dabei, ebnso de Zwillingsschwestern vom Mesner. De letztn zwoa san se bloß net einig, obs eahnan kloana Bruada, an Hansl , der jetzt immerhin scho 16 Johr oid is, aa mitnehma. Der war nämle no nia draußn! - Schließle sans olle zwoa dafüa.

Nochm Mittagessn, Punkt 1/2 1 treffa si olle an da Busholtestei. Da Hansl steigt von oam Fuaß auf den andern, denn er is ziemle aufgregt. Ob des d`Vorfreud is oda Angst, woaß er net. Seine Schwestern dratzn an nämle dauernd mit da Geistabahn. Mit dera woins unbedingt mit eahm fahrn und er woaß no net so recht, wos er davo hoitn soid.

Jetzt steigns olle neine in Bus ei. Da Hansl ois
Letzter. „Kimm nur grod endli eina,
Bauernschwengl, dappiga!"werd er vom Busfahrer
aufgfordert. Er is hoit oiwei a bißl langweilig. Des
woaß er seiba, trotzdem ärgert er se.
Drin hocka se olle hi und bemerka dabei an
Biobauern von Dupfnhausn, der scho drin war.
„Griaß di Kerndlfressa"! ruafas fast olle
gleichzeitig. Nebm eahm sitzt sei Tochta Leni, de
recht a saubas Madl is. Drum werd da 21 jährige
Hias nimma fertig mitm Schaun. Er schaut des
Madl oo wia an Geist und ko damit net aufhörn.
„Wos schaugs `n so batzlaugat, Bauernfümfa
gschdingada",sogt d`Leni und schüttlt an Kopf. Da
Hias stäht auf und wechslt sein Plotz.

Jetzt siecht er de, de noch eahna eigstiegn san. Er
kriagt aa mit, wia se zwoa davo streitn. Da
Schreina und da Mosner woin si auf den gleichn
Plotz setzn, an Fenstaplotz. „Ja gäh hoit endle auf
d`Seitn, Bauernbiffe damischa!" schimpft da
Mosner. „Und du Bauernschädl odrahda, moanst
woih, du bist wos Bessers"! erwidert da Schreina,
werd aba bei de letztn Wörta leisa, schaut den
Mosner o, kriagt a ganz andre Stimm und ruaft:
„Ja Herbert, griaß de oide Hüttn! Wia gähts da
denn? Bist wieda amoi auf Bsuach zua Wiesnzeit?
Do gähma do glei mitanand zum Schottnhamme!"

Da Hias denkt se sein Teil und draht se seine Kameradn zua. In dem Moment ruaft da Busfahrer: „So Leit, bei da Festwiesn samma! Oiso aussteign bitte! Oda woits liaba glei wieda hoamfahrn? - Oiso denkts dro, um ½ zehne hoi i eich! I woaß scho, auf wiavui i wartn muass, i hob mitzeiht".

Um ½ zehne stäht de ganze Schar am ausg'machtn Plotz bei da Wiesn. Hoit na, da Mosner und da Schreiner feihn! Da Busfahrer kennt des, dass net oiwei glei olle do san und wart ¼ Stund. Während der Zeit erfahrt er an ganzn Haufa: De zwoa zwanzgjährign Madl vom Mesner ham a poor nette Männa kennaglernt und a Treffn mit eahna ausgmacht. Eahna Bruder, da Hansl, is aus da Geistabahn davoglafa und hot se am Geistabahnwagl sein Fuaß verletzt. D`Leni vom Biobauern is fast de ganze Zeit mit am Sohn vo am andern Biobauern rumgsteizt und da Raffi hot sein Bruada troffa, der scho lang in Minga arwat und wohnt.

Endle kemma de zwoa, de no feihn, daher. Aba wia! Jeda hoit se am andern ei und olle zwoa wackln und stoipern oiwei wieda. Beim Eisteign foins imma wieda runta, obwoi de andern hintn oschiabm. Endle sans drin! „Speibts ma bloß net mein Bus voi, ihr zwoa Bierdimpfe", sogt da

Busfahrer. Aba des hearn de zwoa scho nimmer; sie san eigschlafa und schnarcha. Aa de andern san boid ganz stad. Olle san miad und da Busfahrer muass statt de Hoitestein de Nama von dene ausruafa, de aussteign müassn. Guat, dass er de meistn kennt und woaß wo s` wohna. Wenn er s`net kennt, is a bißl schwieriger de Gschicht. Dann muass er den Ort oft glei drei-oder viermoi ruafa, bis de Richtign aufwacha und aussteing. Aber um zwölfe hot er dann endle olle los und ko hoamfahrn.

A Biergartenausflug

Es is Ende Mai, d`Sonna lacht vom Himme runta
und es is ganz windstad. Scho am Vormittog hot
da Papa dahoam ogruafa und mit da Mama
ausgmacht, dass am Obmd olle mitanand in
Biergartn gänga. „Brauchst koa Essn herrichtn",
hot er gsogt „i hob heit sovui Trinkgeid kriagt,
do kemma uns des scho leistn".

Er kummt oiwei um Viertl noch sechse von da
Awat. Bis dohi richtn se dahoam olle zam.
D`Mama, de 16 Johr oide Anni und de 10 jährige
Walli ziagn a Dirndl o und da 12 jährige Schorsch
sei Ledahosn. Aa da Papa schlupft schnei in sei
Ledahosn, wia er hoamkummt.

Boid marschiern olle Fünfe los. Weit hams net,
nur 10 Minutn Fuaßweg. Da Schorsch konn´s
wieda amoi net lassn und ziagt seine Schwestern
auf. Zur Anni sogt er: „Do werst aba heit s`Grieß
hom bei de Männa, so wia du aufbrezlt bist".
D`Anni schaut an sich runta und moant: „Bin i
do gor net, oiso hoit dei gschnappige Pappn!"
Aba da Schorsch is jetzt in seim Element:„Und
du Walli, host du des Dirndl z`leiha gnomma?
Des is da ja z`lang. Du trittst scho glei drauf!" –

„Jetz hör moi mit deim Schmarrn auf, Rotzlöffe elendiga", mischt se jetzt da Papa ei, kon se aba s`Lacha net ganz verkneifa. Er denkt an sei eigne Kindheit und wos do ois zu der oanzign Schwester gsogt ham, er und seine zwoa Brüader. Oft hams net eher a Ruah gebm bis Träna gflossn san. Glei heit no duat eahm sei Schwester Leid. - Aba d`Walli is aus am andern Hoiz. Sie konn se ganz guat wehrn. „Und du?"sogts zum Schorsch „du host bestimmt de Ledahosn ozong, weilst mit deine 12 Johr oiwei no net essn konnst. Dir foit ja oiwei ois auf dei Hosn nauf und de werd dann so fleckig, dass d`Mama drei Johr hiwaschn muass bis endle wieda sauba is."

Bei oi dem Hi- und Herredn sans jetzt beim Biergartn okumma. „Mmm, do riachts guat!" ruafas olle fünfe fast gleichzeitig und des ganze Gred von vorhin is vagessn. Sie setzn se an an scheena Plotz ganz in da Näh vom Grill. „Do hama net so weit mit unsam Essn", moant d`Mama. Da Papa gäht glei an Thekn hi und kaft fünf Stückl Fleisch mit Soß, 3 Kartoffeknödl und a scheene Portion Kartoffesolot. Dann winkt er am Schorsch, dass er eahm heifa soi. Der hoit no s`Bsteck und fünf Tella. D`Anni und d`Walli hoin a Bier und a Limo.

Da Papa und d`Mama teiln aus. Jeda kriagt außa
dem Fleisch a Stückl Knödl und a poor Löffe
Kartoffesolot. Da Schorsch kriagt heit s`erste Moi
a wengerl Bier in sei Limo.

Olle san zfriedn und fanga ´s Essn o. Ganz stad is a
Zeitlang, jeda is mitm Essn beschäftigt. Auf oamoi
schaut d`Mama oan nochm andern o, lacht und
sogt: „Ha, iatz hots euch aba d`Sprach verschlong!
In Zukunft gib i oiwei, wenn Ihr eich streits, jedm
a guats Boandl zum Fieseln, na is glei aus, de
Streiterei!" D` Familie is no mittn im Essn und
schmunzlt.

Aba aa wias fertig san, gibt's koa Aufziagarei mehr.
Da Schorsch is nämle mit wos anderm beschäftigt:
Er siecht d`Lore aus seiner Klass. Ma kannt des
Madl ois sei erste Liab bezeichnen. Oiwei wenn er s´
irgendwo trifft, werd er ganz wepsat und überlegt,
wos er ihr Guats doa kannt. Jetzt kimmt er zu dem
Ergebnis, dass er ihr a Eis kaft. Grod is er mitm Eis
aufm Weg zu Ihr, do kummt eahm doch pfeigrod da
Bichla Ernst in de Quere. Der übergibt da Lore scho
a Eis, wia da Schorsch no 10 Meta zum Geh hot.
Grod no bevor er se blamiert, macht er Kehrt und
gäht zu seine Leit. Des Eis schleckt er jetzt seiba. De

übrige Familie verbeißt se´s Lacha und d`Anni
frogt: „Schmeckts guat des Eis glei nochm Radla?
Muass ja ausgezeichnet sei, de Zammastellung!" Da
Schorsch streckt ihr sei Zunga raus, song duat er
nix. Im Gsicht is er ganz rot.

Jetzt frogt da Papa sei Familie: „A Stund derf no
keglt wern, mach ma a Partie , olle mitananda,
bevor ma hoam genga?" „Ui ja", gfreit se d`Walli
und aa de andan san einverstandn. Jeda sei
Trinkglasl in da Hand, marschierns im
Gänsemarsch nunter zu der kloana Kegelbahn im
Keller vom Wirtshaus.- Sonderbarer Weis gwinnt
d`Walli, da Schorsch werd Zwoater und de andern
zeihn ihre Punkte gor net zam, weils bei jedm so
weni san. „I glab, du host heit mitm Glück an
Vertrog gschlossn, sogt da Papa zur Walli, zwoa
Neina und zwoamoi ins volle Haus, Respekt!- Aba
jetzt gäh ma hoam! Kemmts, pack mas!"
Er hängt se bei da Mama ei, da Schorsch bei eahm
auf seiner andern Seitn, bei da Mama auf da
andern Seitn d`Walli und bei der no d`Anne. Sie
braucha de ganze Wegbreitn. D`Anni fangt o mit
„Links, rechts, links rechts, hinterm Papa stinkts
recht..." De andern lacha und macha glei mit. Auf
de Weis sans im Nu dahoam. Sie ham olle an

Bauch voi und san müad und wia d`Mama sogt „i gäh jetzt glei in mei Bett", heat ma lauta „i aa", sonst nix. Sogor da Schorsch hoit sei Mei. - Wahrscheinle denkt er no oiwei an sei Lore.

Kindergedichte

A dramhaperte Urschl

D`Inge sitzt in da erstn Bank
und dramt vo Essn und Drank.
„D`Knödl san schee durch",
erzäihts am Lehrer Lurch.
Der hot aber wos anders gfrogt
und schimpft, weils so an Blädsinn sogt.

Trotzdem dramt d`Inge weiter:
Sie sitzt auf a langa Leiter
und siecht an Märchenprinz,
der zu ihr aufegrinst.

Jetzt gibt er ihr sei Hand
und füahts durchs ganze Land.
Sie hot a weiß Kleidl o
und der Prinz, der werd ihr Mo.
Wias dann tanzn mitanand,
spüats auf oamoi a Hand

Der Lehrer hot ihrn Arm gschüttlt
und ihr so vermittlt,
dass in da Schui drin is.
Er sogt: „Jetzt kumm, jetzt lies!"
Sie schautn ganz dramhapert o
und frogt: „Bist du mei Mo?"

A Boinbruada

Heit is Maxl mit seim Schwesterl alloa.
„Werd uns scho neamands wos doa"!
denkt er und horcht mit gspitzte Ohrn,
ob er nix hört an der Tür vorn.

Er hot so sakrische Boin,
ois ob olle Einbrecher eahm wos woin.
An Kniaschnaggler hot er, is kaase und zittert,
„a Boinbruader bin i", denkt er erbittert.

Horch, do steckt oana an Schlüssl o,
des werd er sei, der bäse Mo!
Max packt de zwoa Johr oide Babett
und schlupft mit ihr unters Bett.

Do hebt oana des Bettzeig. -
„Liaba moi 5 Minutn feig,
ois a Lebm lang tot, gei, mei liaber Sohn",
sogt der Papa mit am kloan Quanterl Hohn.

Kindergedanken

A Lehrer hockt auf der Trambahnbank,
gegnüber vo eahm der kloane Frank.
„Selbständig und selbstbewußt is der Bua",
staunt der Lehrer und schaut auf d´Uhr.

Jetzt frogt er: „Wia oid bist denn, Bua?
Kennst vielleicht gor scho d`Uhr?"
„Drei is und sechs Johr bi i oid
und in d´Schui kimm i boid".

Den Lehrer rührt des Kind o
und wia Lehrer san so,
gibt er dem Bua a Rätsl auf:
„I gäh no in d´Schui und bin 30 Johr.
Wos bin i? Woaßt du des gor?"

Der Bua schnauft und woaß schnei:
„Werst scho so dappig sei!"

Mancha lernt´s nia

Mim Alisi is so a Gfrett
‚des „Sie-sogn" schafft er einfach net.
Aa für Lehrer, Pfarrer und Schulrat,
hat er nur des Du parat.

Da Schulrat moant´s recht guat,
erklärt´s eahm und macht eahm Muat.
Hernoch prüft er, ob´s jetzt gäht,
dann waar´s guat, wenn aa spät.

„Also, zu wem sagst du jetzt sie?"
„I woaß scho", sogt der Alisi,
„zum Lehrer, zum Pfarrer, glabs mir,
und natürle aa zu dir!"

So a Zornbinkl

Iatz wissen´s scho olle Kinder
dass der vierjährige Günther
so a richtiga Zornbinkl is,
leider is des wohr und mies.

Neilich beim Eikafa
wui da Günther patu net lafa
und gibt des lautstark kund
mit am ganz verzonga Mund.

Sitzn wiu er im Einkaufswogn!
Da Mama draht se scho der Mogn,
drum duats eahm schnei den Wuin
und kon se a Zeitlang besser fuin.

Günther gibt net lang a Ruah,
denn er siecht a Poar Schuah,
de wui er unbedingt kriagn
und natürle glei oziagn.

D`Mama sogt na und wui erklärn,
aber do fangt er o zum Plärrn,
verkrampft se, werd im Gsicht ganz rot,
nix huift da Mama ihr „Sapperlot".

Sie schamt se und laft naus,
mitm Auto sans na boid z`Haus.
Aber Günther werd erst leiser
wia sei Hois is ziemle heiser.

Weg vom Fensta

D´Frieda is heit weg vom Fensta,
i hoff, sie siecht koane Gschpensta!

In da Schui muaß an Aufsatz schreibm,
über Zugvögl woaß eigentle vui;
aber ihre Gedankn bleibm
oiwei bei Essn und Spui.

Sie schreibt und zuzlt am Stift-
in ziemle wackliga Schrift:
Zugvögl san recht gscheit,
ganz ohne Broatwurscht kummas weit.

D`Fackl und eahna Tierschütza

Stoiz feiert der kloane Ort
sein Ehrnbürga, Herrn Kort.
Er is aus Amerika hia
und wohnt im *goidna Stia*.

Am Obnd soi a *Fackl*zug sei,
do lodns a s`Nachbardorf ei.
Es is no a Haufa z`doa,
drum is da kloa Franzl alloa.

Er gäht zu de andern, wundat se, schaut
und dann schreit er ziemle laut:
„Wos woits denn ihr mit de komischn Stecka?
Do werds unsre *Fackl* ganz sche daschrecka!"

`s missverstandne Radlrutsch

An 3. Geburtstag hot d`Luise ghabt,
a Radlrutsch hots kriagt,
grod hot sa ses im Gartn gschnappt,
wo sas glückle rumziagt.

Damit fahrn hots gestern woin,
Aba es is einfach net ganga.
Oiwei wieda is runtagfoin,
oamoi sogor auf d`Wanga.

Heit nimmt d`Mama s`Heft in d`Hand,
denn nach der Dinge jetzigm Stand
moant d`Luise, des geaht von alloa
und sie braucht gor nix doa.

„Zerst oan Fuaß naufstein,
mitm zwoatn dann an Schubs gebm,
schau, des gäht ganz fein
und schee klappn tuats außerdem!"

So erklärt d`Mama und machts vor.
D`Luise is am Guatllutschn,
stäht nachdenkli am Tor und frogt:
„A Radlrutsch kon oiso net rutschn?

Kinderlogik

Der Rudi kummt aus´m Kindergartn,
is aufgregt, hot Tränen in de Augn,
er wui erzeihn, kons kaum erwartn,
doch er schluchzt und kon kaum schaun.

Endlich lasst er sein Schmerz raus:
„De andern lacha mi oiwei aus!
Den ganzn Weg bis zu unserm Haus,
hams über meine Schneckerlhaar gredt.
I mächt de bestimmt liaba net!"

„Des san dumme Kinder", sogt d´Mama.
„I find deine Haar san da Hammer,
de Schneckerl san wunderbar,
i woit, I hätt soiche Haar.-

Außerdem hot s`der Herrgott so gmacht!"
Do moant der Bua mit Bedacht:
Bei dem lass ma nix mehr macha,
wenn der macht so dumme Sacha!

So a Pech

Frau Meier kimmt ins Krankenhaus,
denn ihr Baby wui jetzt raus.
Da Fritzl is 6 Johr oid
und kimmt g`lafa aus´m Woid.
Vom Papa werd er informiert,
dabei aber ziemle o`gschmiert:

"Da Storch hot d´Mama verletzt,
drum muass s´ ins Kranknhaus jetzt."
Der Fritz sogt: „So a Pech,
grod heit is der Kerl so frech!
I hoff, d´Mama kriagt koa Entzündung,
so kurz vor der Entbindung!"

De nutzlose Drohung

Der Lehrer droht am Paul:
„Wennst weiter bist so faul,
dann moan i doch glei heit,
du bringst as no so weit,
dass dei Vata in am Johr,
hot lauta graue Hoor."

Da Paul lacht:
„Mei waar der froh und nett,
wenn er koa Glatzn mehr hätt."

Verschiedene Fiaß

Wias mit erst 12 Lebensjohr auf'm Buckl so
üblich is, ham se in der 6.Klass der Mittlschui
lauter Gruppn zamdo, de außerhoib da Schui
oiwei wos mitanand unternehma. Zum Beispui
mitanand lerna, mitanand ins Kino geh, aber aa
des Foppn und Tratzn vo andere Gruppn.

Da Werner, da Walter und der Heiner ham se
heit vorgnomma, d'Maria, d'Erna und d'Lisa
auf'm Hoamweg, der bei olle sechse a Stückl der
gleiche is, wieda amoi so richtig z'tratzn. Auf
d'Fiaß woin s' losgeh.

Zerst schlenderns ganz brav hinter de drei Madl
her. Dann fangt da Werner o: „Dass du Erna mit
deine Spotznwadl überhaupt geh konnst, des
wundert mi. Kriagst eppa z'wenig Essen?" – „Aa
du Lisa",mischt se jetzad da Walter ei, „mit deine
Steckerlfiaß kannst oan direkt leid doa. Du
kimmst ja daher wia auf Stelzn mit deine dünna
Haxn".

De Madl biang um de nächste Eckn und woin se
in an Hauseingang rettn, aber de san olle zua.
Und scho san de 3 Frotzler wieda an eahna dro.
Desmoi gibt da Heiner sei Weisheit kund: „Wos
d'Erna und d'Lisa z'wenig ham,

hot d`Maria z`vui", sogt er. „So richtige
Betonstäßl host Mare, mit dene konnst direkt
auf`m Bau heifa. Vielleicht verdienst a Geid
damit. Ma kannt soiche Fiaß aa Elefantnfiaß
nenna. Suach da`s raus! Wos gfallt da denn
bessa?"

Maria is nah am Woana, aber sie sogt nix. Olle 3
Madl dean so, ois ob`s nix hörn dan und biang in
eahna Straß ei. Aber innerlich gärn s`. D`Erna is
am Platzn, draht se no schnei um und ruaft:
„Dass du Heiner mit deine Plattfiaß schloafst
statt gähst is dir scheinbar no net aufgfoin!
Außerdem böckls es olle 3 ganz schee mit eire
Schweißfiaß, so dass ma liaba net in eier Näh
kimmt. Aber mit eire Bärnpratzn könnt`s dafür
recht guat Klo putzen. Do passt`s prima nei mit
eierm Gstank."

De 3 Buam verschlogt`s d'Stimm und si ducka se
wia wenn s` a schlechts Gwissn hättn. Recht
schnei wern s'woi nimma auf d`Madl losgeh.

Tiergedichte

A Mops

Unser Nachbarhund, a Mops,
is narrisch auf meine Drops
Und wui i moi oan naschn
hupft er oiwei zu meiner Taschn.

Wegn der Figur und de Zähn
is sei Herrle ganz dagegn,
dass er vo andre gfuadert werd.
„Sonst ham füa eahm nur sie an Wert".

So hot Herr Meier gsogt vor 6 Wocha.
I hob mi dro ghoitn wia besprocha.
Herr Meier dagegn
war dem Mops unterlegn,
hot z`fui gfuadert garantiert,
drum is sei Mops zum Rollmops mutiert.

A Zamperl

I hoaß Cäsar, bin a Dackl
und wenn i aa beim Geh wackl,
i bin sakrisch guat bei der Jagd,
a Hund, der Muat hot und net verzagt.

„Wos bist denn du füa a Zamperl?"
hot der Herr Meier zu mir gsogt.
„Wos host denn du füa a Wamperl?"
hob i dann beit und eahm gfrogt.

Leider hot er des net verstandn,
denn er hot gredt mit am Bekanntn.
I hob mi in Positur gsteit
und meine zwoa Freind herbeit.

Jetzt ham ma de Männa umrundet
ham beit und eahna bekundet,
wos mia oiß wissen und kenna
und mia san koane Zamperl,
ham gwiss aa koa Wamperl,
mia san stoize drei Hundemänna.

A Mückn

Scho beim Eischlafa hob i gmurrt,
sie is um mein Kopf rumgsurrt.
Sss,sss! Ärgerlich hob i noch ihr gschlogn.
Horch, is`s jetzt zur Tüa nausgflogn?

I stäh auf und mach de Tüa zua,
doch mit dem Biest is no koa Ruah!
Es surrt um mei Bett rum,
wui i s`fanga, is stumm.

I leg mi hi und schlaf,
scheinbar tiaf wia a Schaf,
i spür koan oanzign Stich,
de Mückn arwat meisterlich.

Sie setzt mit Lust und Tückn,
vier Stich in oa Reih.
Sie lasst fast koa Lückn,
i bi ihr einerlei.

Seitdem juckt schauderhaft mei Fuaß,
des is da Mückn bester Gruaß.

Katz und Maus

Miau, miau, schreit Katz,
a kloans Mäuserl hot s`,
des legt s`ausgrechnat mia
freigebig vor de Tüa.

De Tüa, de is offn,
des lasst des Mäuserl hoffn.
Erst starr, aber unverletzt,
es glei unter mein Kühlschrank wetzt.

Do liegt d`Mieze jetzt davor,
lauert und spitzt ihr Ohr
und wenn i an mein Kühlschrank mächt,
knurrt s´und faucht s`mi o net schlecht.

Doch bei soicher Prozedur
laft des Mäuserl mit Bravour
wieder in Gartn naus
und is do a frohe Maus.

Denn Minka, vom Nachbarn d`Mieze
hot net gmerkt des Getrieze,
verteidigt an Kühlschrank immer no
und i ko net nei, i armer Mo.

D`Katz und s´Aquarium

Meiers ham a Katz.
seit gestern aa a Aquarium.
D`Mieze sitzt dort und ihr Tatz
streicht dauernd dro rum.

Jetzt wui s` an Fisch fanga
und dappt ins Wasser nei.
Um den Fisch braucht ma net banga,
denn d`Mieze wui trockn sei.

Schnei ziagt s´ihr Pfotn raus
und vaziagt se in a Eckn.
Des Wassa is füa sie a Graus,
drum muass sa se trockn leckn.

Oa Fisch legt ´s drauf o
und schwimmt ziemle hoch nauf.
D`Mieze schleicht rundum und scho-
gibt`s as wieder auf.

Später schaut s`no ab und zua
lauernd zum Aquarium hi,
doch weil s´ vom Wasser hot gnua,
denkt s´ des hot koan Sinn füa mi.

Da Stiangglanda

Mirko hoaß i,
a Stiangglander bin i,
bloß weil da Papa und d`Mam
in da Rass net zampasst ham.

Aber i bi genauso stark und treu
und i hob aa gor koa Scheu
genauso zu schmusen
und zu lieng an am Busen.

Wenn i aa net so schee bi
-meine Fiaß san zum Dackelkopf z`lang-
aber foing dua i wia sie,
mei Mam, und i hob a an scheena Gang.

Lafa kon i ganz enorm,
denn schließle hob i a Stromlinienform.
Beim Wettlauf kimm i ois Erster o,
denn i bi ja a Stiangglandermo.

´s Hausmeiserl

Ja, wos wuist denn du im Wohnzimmer herin?
-I frei mi ja iba dein Bsuach,-
aber i glab, du host wos anders im Sinn.
Ah so, du host mein Kuacha entdeckt!
Du moanst, dass dir der aa schmeckt?
Wart, net opicka, sonst konn an i nimma ess`n!
aI zerbräsl dir a Stückl, i denk des is am best`n.

So, i moan des kannt langa!
Wenn i dir mehr gib,
 mogst du koa Mückn mehr fanga!
Und von dene gibt´s ja jetzt vui.-
Aber glab net, i hob für di koa Gfui!
Im Winter kriagst wieda was von mia;
i vagiß di g`wiß net, des vasprich i dia.

Bis dohi frei i mi olle dog,
wennst in mein Brunna bodst, des is koa Frog!
Wennst drin umananda spritzst,
di schittlst und freist
und hernach mi oschaust ganz dreist.
I schoit´n fei extra nimma ei,
denn wenn er laft, gähst du ned nei.

D`Meiserl im Winter

Ja sowos! Grod warst do no alloa am Heiserl!
Jetzt seids auf oamoi zu siebt!
Und i hob g`moant, do is nur mei Hausmeiserl,
des im Somma aus mein Brunna a Wassa nippt.
Do hob i mi ja sauba g`irrt!
Aber i bin ganz gern aa von sieme da Wirt.

Eigentli hob i sowieso an mehra Vögl denkt
und a Heiserl voi Kerndl und Meisenknedl
nausg`hengt.
Ihr Koih -, Blau- und Haummeiserl kummts nur her!
Wenn dann `s Heiserl und d`Sackl leer,
werd ois wieda rechtzeitig gfuit,
denn auf de Sachan seid`s ja ihr wuid!

I schau eich jed`n Dog a boamoi zua,
wia ihr an die Knedl hi arbats an Ruah,
wia ihr eich Kerndl raus- und aufpickts
und dabei mit eire Köpferl nickts.
Des is so liab, des macht mei Herz so froh!
Mensch, schaus o, dann gäht`s dir grod a so!

Streitamseln

A Amsel stäht in der Wiesn
und starrt auf an brauna Fleck.
Do kummt die kloane Liesl
und scho is der Käfer weg.

A zwoate Amsel kummt gflogn,
im Schnobe an großn Wurm.
De erste fliagt zu ihr im Bogn
und packt an Wurm im Sturm.

Iatz ziagn s'oi zwoa an ihrm End
ois ob'sTauziang spuin woitn.
Da Wurm hofft sehr auf a Wend,
de Amseln eahm oiwei no hoitn.

Jetzt reißt er in zwoa Stückl ausanand,
oans kriacht schnei davo.
Oa Amsel schreit außer Rand und Band,
de zwoate schluckt an Wurm no.

Iatzt foins üba ananda her,
des kost jeder Federn.
Waar net kemma a großer Herr,
dan s' gwiss immer no zetern.

A Wachhund

Hasso is a Schäferhund,
wachsam, brav und gsund.
So werd er vom Handler globt
und drum kaft ´n gern Herr Hopt.

Glei in der erstn Nacht
-Herr Hopt moant, Hasso wacht-
san 300 Euro wegkemma.
Des war a Diab, koa Thema!

Voi Wuat laft Herr Hopt zum Handler.
"Hasso is vielleicht a Schlafwandler,
aber gwiss koa Wachhund!"
So schreit er se sein Hois wund.

Der Handler sogt:
Mei Herr, des tuat ma aba leid.
Der Hund war vorher bei reiche Leit.
Bei kloane Summen springt der net o,
waar besser, sie waarn a reicher Mo!

Da Papagei

Da Sepp wui net alloa sei,
drum kaft er se an Papagei.
Dahoam wui er redn damit,
doch so vui er eahm a bitt,
der Vogl is scheinbar stumm
oder er is einfach z´dumm.

Der Sepp denkt, des werd scho no
und is anderntogs dann froh,
wia der Vogl "Papa" schreit.
Do hot er scho a große Freid.
Aber "Papa"immer wieder.
Der Sepp staunt: Ja,do legst di nieder!

Na, des tua I net! hört er jetzt,
siecht, wia der Vogl rumfetzt
und frogt: Ja, wos host denn bloß?
Wos is denn mit dir los?
Der Vogl plärrt:
I bi doch koa Mamagei
und leg für di a Ei.

Im Jahresverlauf

Im Januar

Lasst`s eich sogn, liabe Leit
12 Grod Minus hot ´s heit.
Ma gspürt `s, da Monat Januar
is da koitaste im Johr.

Zum Schneibm is z`koid,
der Schnää, der liegt, is oid.
Vorsicht, er is manchmoi recht glatt!
Vorsicht, wer koane guatn Schuah hat!

Heit Früah, der Raureif auf de Baam,
der war so schee, mag glabt`s kaum.
Ma gfreit se scho auf ´s Schi- und
Schlittnfahrn,
es is aa scho de Zeit der Narrn.

So hoit da Januar vui Scheens bereit,
wenn´s aa koid is zu der Zeit.
Ma ziagt se einfach schee warm o
und geniaßt´n so guat ma ko.

Faschingsgedanken

Im Februar is da Fasching.
Do gäh i desmoi ois King
und olle de scheena Prinzessinna
san dann boid wia vo Sinna,
wenn s´i beim Tanzn rumdrah
und andre dabei ummah.

Dann hamma endlich Plotz
 und i dua wia a Protz,
ois ob da Tanzsoi mir ghörat
und i vo olle verehrt werat.
Glabt s`as- verehrt sie mi a,
glabt s`as net- gäht s` und sogt na.

Hernoch stäh i ganz alloa do
und bi a arma, einsama Mo.
Denn grod de letzte dad ma g´foin,
net nur zum Tanzn mächt i s` hoin.
Na, do muass a andre Schtrategie her,
für a bravs Madl gäht`s mit dera schwer.

Er kummt bestimmt

Leise schaukeln Baam im Wind
und zoagn stoiz ihre Knospn.
Dass's hergricht san, woaß jeds Kind,
doch iatz sans no verschlossn.

Hergricht für den Tog,
an dem da Frühling kemma mog
mit Sonna und mit Wärm,
wovo i ewig schwärm.

Zuvor is Wartn o´gsogt,
wenn se aa so mancher frogt:
Warum dauert des so lang?
Mir werd´s so richtig bang.

Doch jeder woaß, er kummt bestimmt!
Boid werd´s so weit sei!
Wenn`s Vogerl sei Liadl o`stimmt,
werd´s lebendig ganz schnei:

Da Maulwurf rumort in seim Haus,
da Dachs lurt aus seim Bau raus,
´s Eichkatzl laft am Baam runter,
sogor da Igl werd scho munter.

Hosn und Räh luste springa,
Kinder fröhlich spuin und singa,
Biena und Wepsn fleißig summa
und de Hummen dazua brumma.

April, April

„ Gäh schnei nüber zum Konsum
und kaf füa mi a Owidum!
Des brauch i heit füa ´s Kabrio,
denn des rattert dauernd so.“

So sogt da Vata zum kloana Fritz.
Doch der kimmt eahm auf den Witz,
bleibt aber zerst amoi stumm,
denkt: I bi doch net dumm!

Er tuat so, ois ob er gang,
packt aber geheim a Zang`
in a scheens kloans Packl.
Des gibt er seim Vata, dem Jackl.

Der reißt´s auf wissbegierig,
-des is aa gor net schwierig-
denkt: Wos is des füa a Utensil?
Sei Sohn ruaft fröhlich: April, April!

Eia pecka

Sei Nest hot er gfundn in da Eckn
und jetzt wui er Eia peckn.
Kimm Papa, zerst peck ma s` auf
und dann ess ma s` olle auf.

Oans noch `m andan kracht,
jetzt sans scho Stuckra acht
und d`Mama sogt: Aufhörn schnei,
zvui soins nämle net sei!
Denn sans amoi lädiert,
werns schnei kaputt, garantiert.

Wieso is am Lucke sei Ei no ganz?
frogt olle sei Bruada, da Franz.
Nimmt s` und haut drauf mit Gwoit,
aba des Ei, des hoit.

Deswegn host du Eia peckn woin!
Du host de Henna eahna Legeei gstoin!
So werd da Lucke obruit,
aba do is er seiba schuid.

Gärtnerglück am Sommermorgen

Des Grea tuat meine Augn guat,
´s Vogelzwitschern macht frohen Muat,
de buntn Blaemen gfrein mi,
d´Schmetterling umgaukeln mi,
de guate Luft erfrischt mei Lunga,
und boid löst se aa mei Zunga.
Mit´m Nachbarn fang i an Ratsch o,
der gfreit se, dass er mit mir redn ko.

Auf oamoi siech i a Unkraut.
„Scho wieda so vui!" ruaf i laut.
Dann hoi i schnei mein Sonnahuat,
denn z`vui Sonna tuat ma net guat.
Vo de Staudn zupf i verwelkte Blütn
und steck s´in a große Papiertütn;
fang´s Jätn o Stück um Stück
und scho spüa i mei Gärtnerglück.

Wenn´s endlich renga dat

Wenn´s endlich renga dat,
brauchat i net giaßn.
Doch de Woikn gfoits glatt
beim Vorbeiziagn nur z`griaßn!

Wenn`s endlich renga dat,
wearats Gros wieda grea.
Fia Pflanzn waars a große Gnad
und eigentli nur fair.

Wenn`s endlich renga dat,
brauchat i nimma schwitzn
und miassat net matt und fad
in der Stubm drinna sitzn.

Doch wenn`s dann endlich rengt,
is uns boid nimma recht,
denn wenn`s oiwei weita rengt,
is des *aa* fia uns schlecht.

Wenn`s mia a net fassn,
mia miassn an Herrgott woitn lassn!
Er woaß sicha warum!
Oiso nehm mas eahm net krumm.

Im September

Dauernd scheint d`Sonna,
mei, is des a Wonna!
Ma ko song, es is schee Wetter
und es kimmt koa Donnawetter.

Es is net z`warm,
es is net z`koid,
da Herbst zoagt sein Charm,
und froh is Jung und Oid.

Der Somma hot ´s Obst reifa lassn,
der Herbst hot ´s fertig o`gmoit.
Soin mas eppa hänga lassen?
Na, des werd net oid!

Zwetschgn, Birna, Äpfe, Traubn,
ja, ma mächts fast net glabn,
wia vui do hängt oda foit.
Mei, wia reich is doch de Weit!

A scheena Herbsttog

D´Sonna lacht vom Himme runter,
d`Vogerl zwitschern froh und munter,
da Himme is heiter und blau
und de Luft wohlig lau.
Und des ois kost gor koa Geid!
Oh du scheene, weite Weit!

D´Henna gackern um d´Wett,
zwoa Gockl krähn im Duett,
im Woid röhrt a Hirsch
und da Jaga auf der Pirsch
siecht d´Hosn zu de Felder hoppeln,
denn do san ganz vui Stoppeln.

Vorm Haus liegt d´Mieze in der Sonna
und genießt de Wärm mit Wonna.
Da Hund macht a Schlaferl bei der Tür,
auf da Wiesn grosn Stier und Küah.
Olle frein se über den Herbsttog
und hoffa auf mehra, gor koa Frog!

Doch de Blattl san scho bunt
und gebm uns damit kund,
dass der Winter jetzad lauert
und es gor net lang dauert,
bis d´Natur ihr weiß Kleidl oziagt
und a Zeitlang ihr Ruah kriagt.

Es weihnachtlt scho

Auf jedm großn Plotz im Ort
hams an Tannabam aufgsteit.
Und in da Auslag vom kloa Ladl dort
kriachas rum ois ob wos feit.

Dekoriern deans, des derfst glam,
weihnachtle woin sas macha,
an scheena Lodn richtns zam
mit vui scheene Sacha.

Am Bürgerplotz steins Budn auf,
a kloana Weihnachtsmarkt sois wern.
Oa Budn hot an Engl vorn dauf,
a andre an goidna Stern.

A d`Hausfraun lassn se ostecka,
bacha Platzl und an Stoin.
Boid riachts wia beim Becka,
so wias da Mo und Kinda woin.

3 Tog ham ma no, sogt d`Frau
und kaft schnei an Adventskranz ei.
Da kloa Maxl tuat recht schlau:
Wern mia dawei fertig sei?

Doch ois huift zam, des is gwiss,
damits schee weihnachtle is,
wenn a ofangt, da Advent
und de erste Kerzn brennt.

Da Christbaamkauf

„Jetzt derfat man aba boid kafa,
sonst kriang ma koan Gscheitn mehr!
Net,dass d`Bsuach davolaffa
Na, heia muass a Scheena her!"

So sogt da Papa zua Mama
und scho fahrn s` eine zum Markt.
„Gnua Geid dabei hama,
i soit bloß wissn, wo ma parkt".

Noch zehn moi im Kreis rumfahrn,
- d`Sonna is scho untaganga –
hot an obgsteit den Karrn
und sie hams`Rumgeh ogfanga.

Da oa Baam war z`kloa, da andre z`groß,
da dritte z`dünn, da vierte z`breit.
Koana hot passt! Wos is do los?
Koana is recht! Wos is des heit?

Endli hams an Scheena gfundn!
Da Handla hotn ins Netz neido.
Dann hams`n aufs Auto naufbundn
und jetzt - hot er gstutzt, da Mo.

A Zettl hängt dro am Fensta,
drauf stäht „Sie stehen im Parkverbot!"
Da Papa moant, er siecht Gschpenster,
bis as oschaut, des Gebot.

Dahoam merka s` dann leida,
dass aa da Baam nix Bsondas is.
„S`nächste Johr san ma gscheida,"
sogt da Papa, „des is gwiss!"

Weihnachtsgerüche

Von da Schui kummt er, der Klaus,
do riacht er Platzl im ganzn Haus.
Er denkt: Neamands is hia,
oiso suach i s`mia.

Er schaut in Küchnschrank,
dann unter d`Küchnbank,
aa in olle Eckn,
konn s`aber net entdeckn.

Er gäht ins Zimma vom Bruader.
Do sitzt des kloane Luader,
hot auf m´Schoß de Dosn,
aber aa wos in da Hosn.

Des steigt am Klaus in d´Nosn,
do laft er davo wia d´Hosn.
Auf da Flucht hot er indessn
de guatn Platzl vergessn.

De stade Zeit

D´Straßn san jetzt ohne Stau,
koa Handwerker am neien Bau,
d`Bahn net überfuit,
oiß ergibt a stads Buid.

D´Weihnachtstog san vorbei,
doch no ham vui Leit frei.
Kinder braucha net in d`Schui geh,
und d´Eltern net so früah aufsteh.

Gmüatle ko ma mitanand frühstückn,
sich mit de Geschenke beschäftign,
mitanand spuin, singa, wandern,
moi besser eigeh auf de andern.

De Muße, de tuat olle guat,
bringt Erholung, Kraft und Muat.
Kraft fürn Alltog, der net weit
und boid wieda ausfüit unser Zeit.

Lass s´net ganz furt, de stade Zeit,
net ganz furt de Gmüatlichkeit,
net ganz furt de Muße, de jeder braucht,
damit ´n des Lebn net owedaucht.